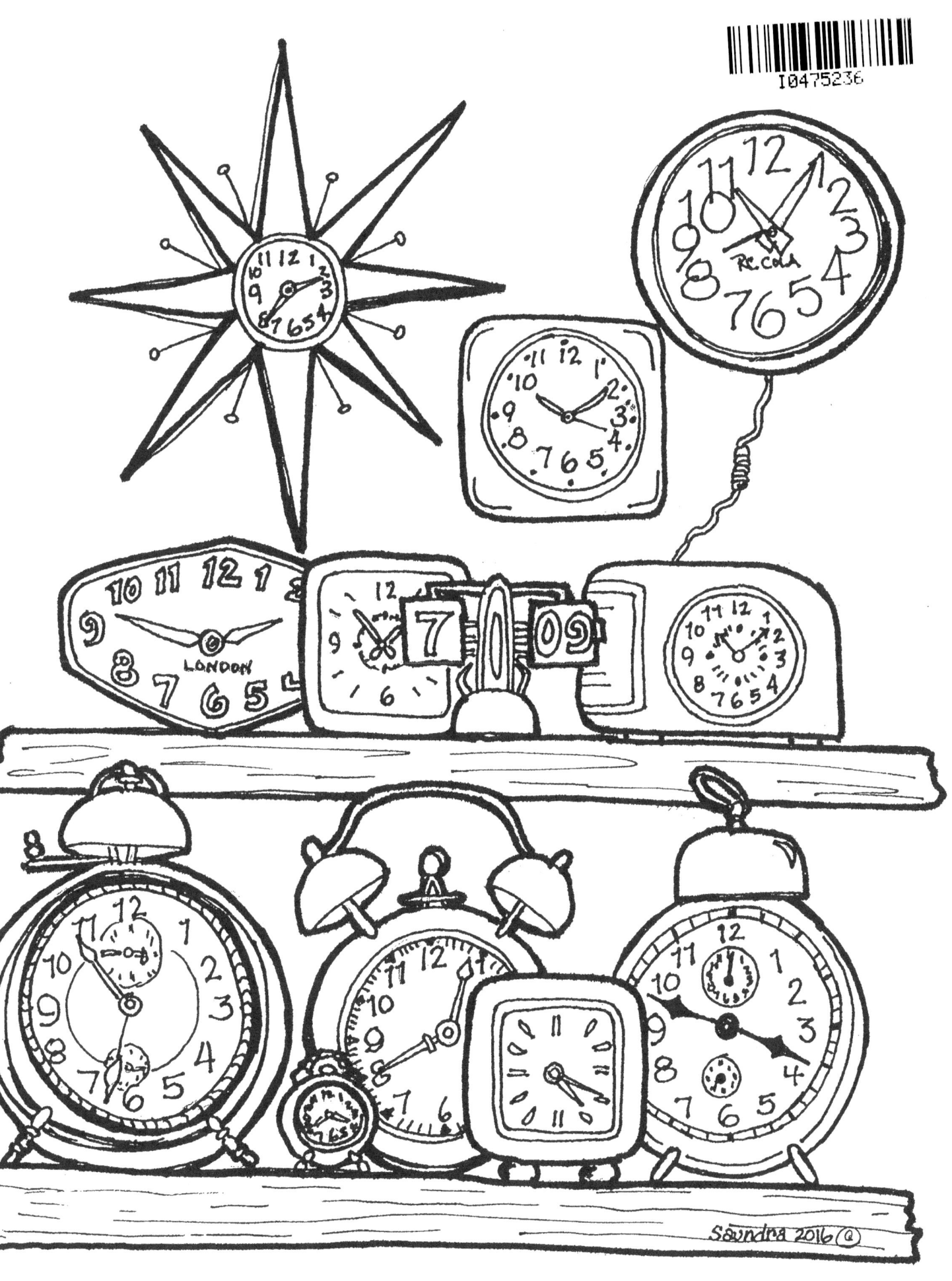

Saundra 2016 ©

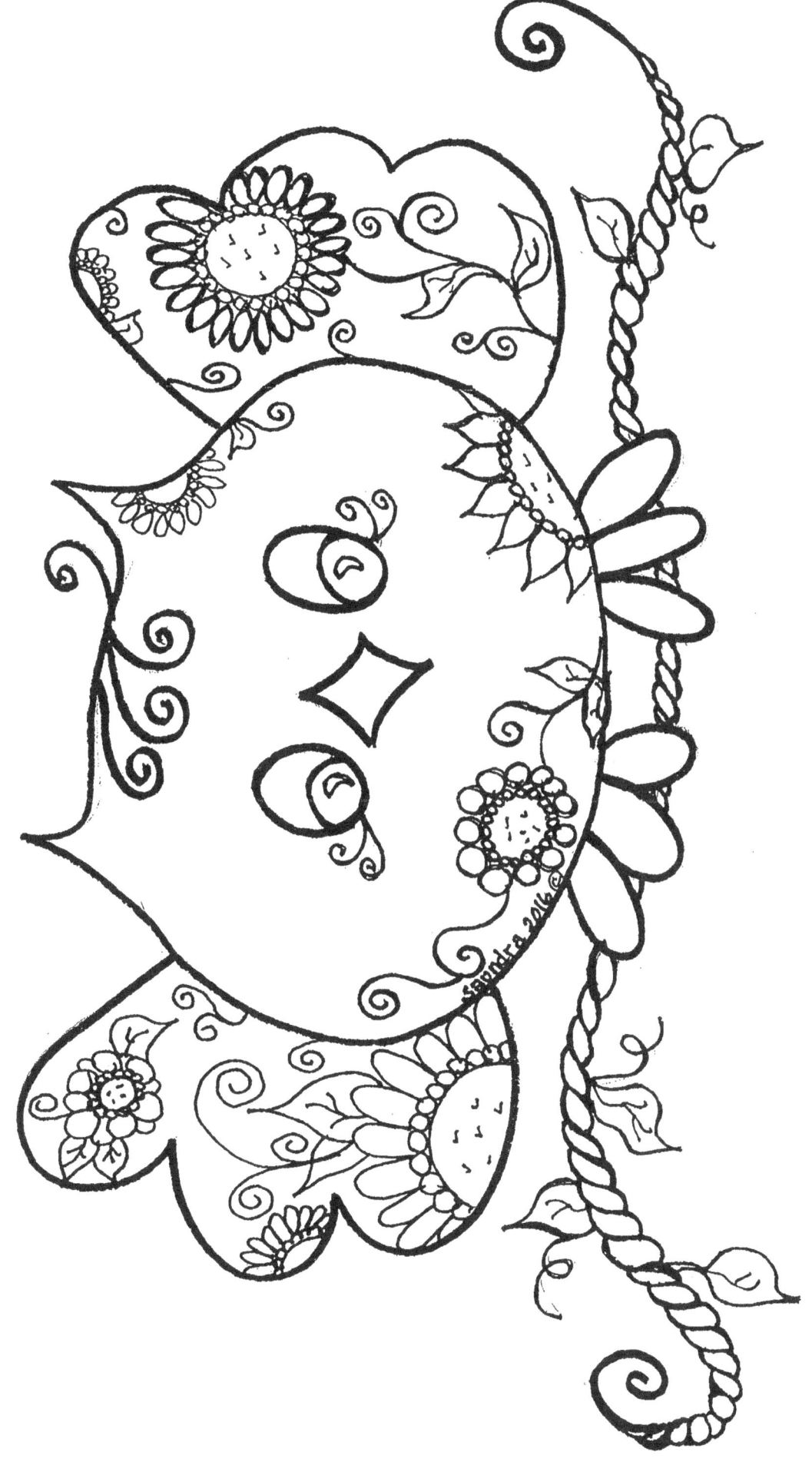

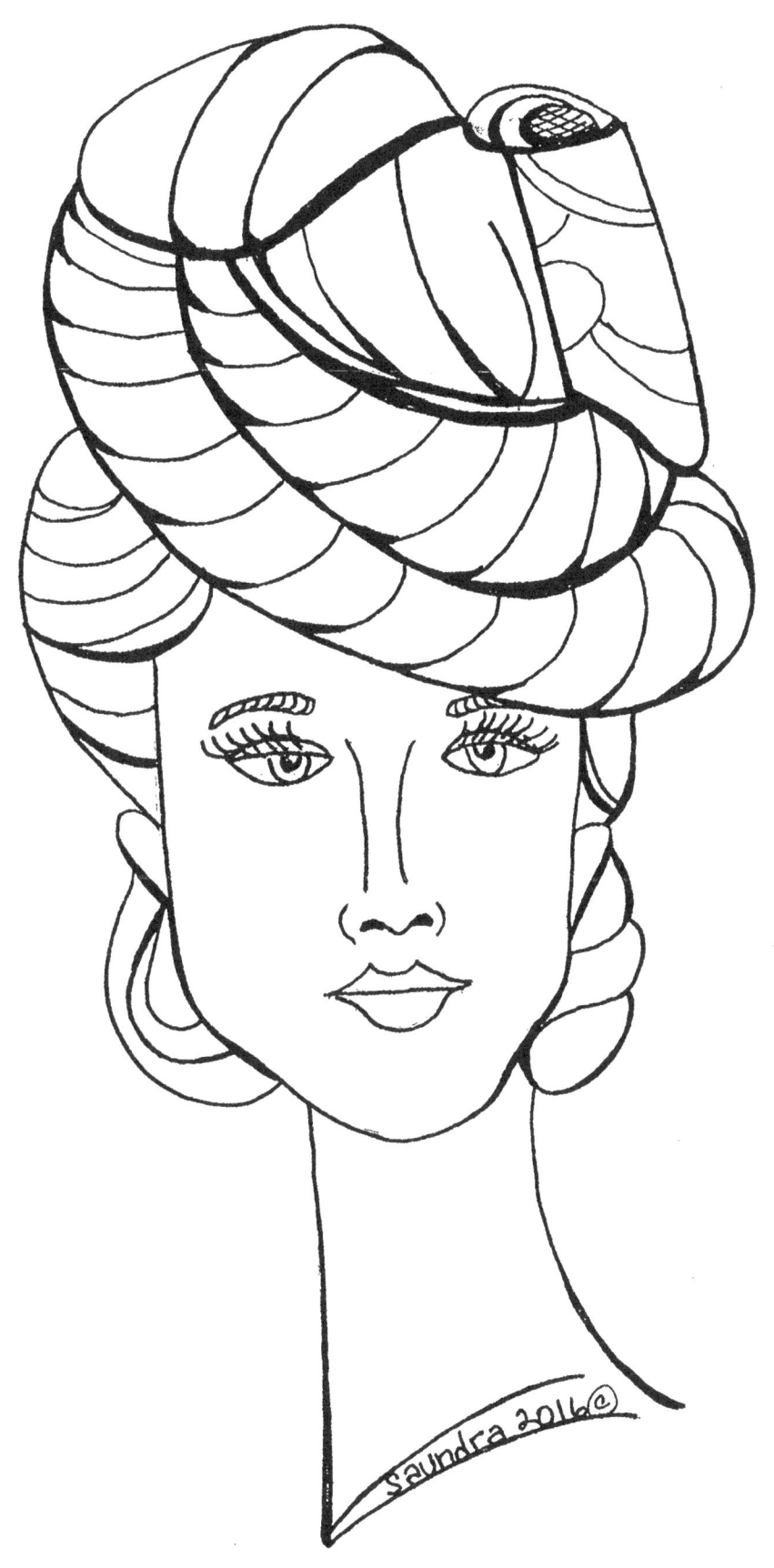

saundra 2016©

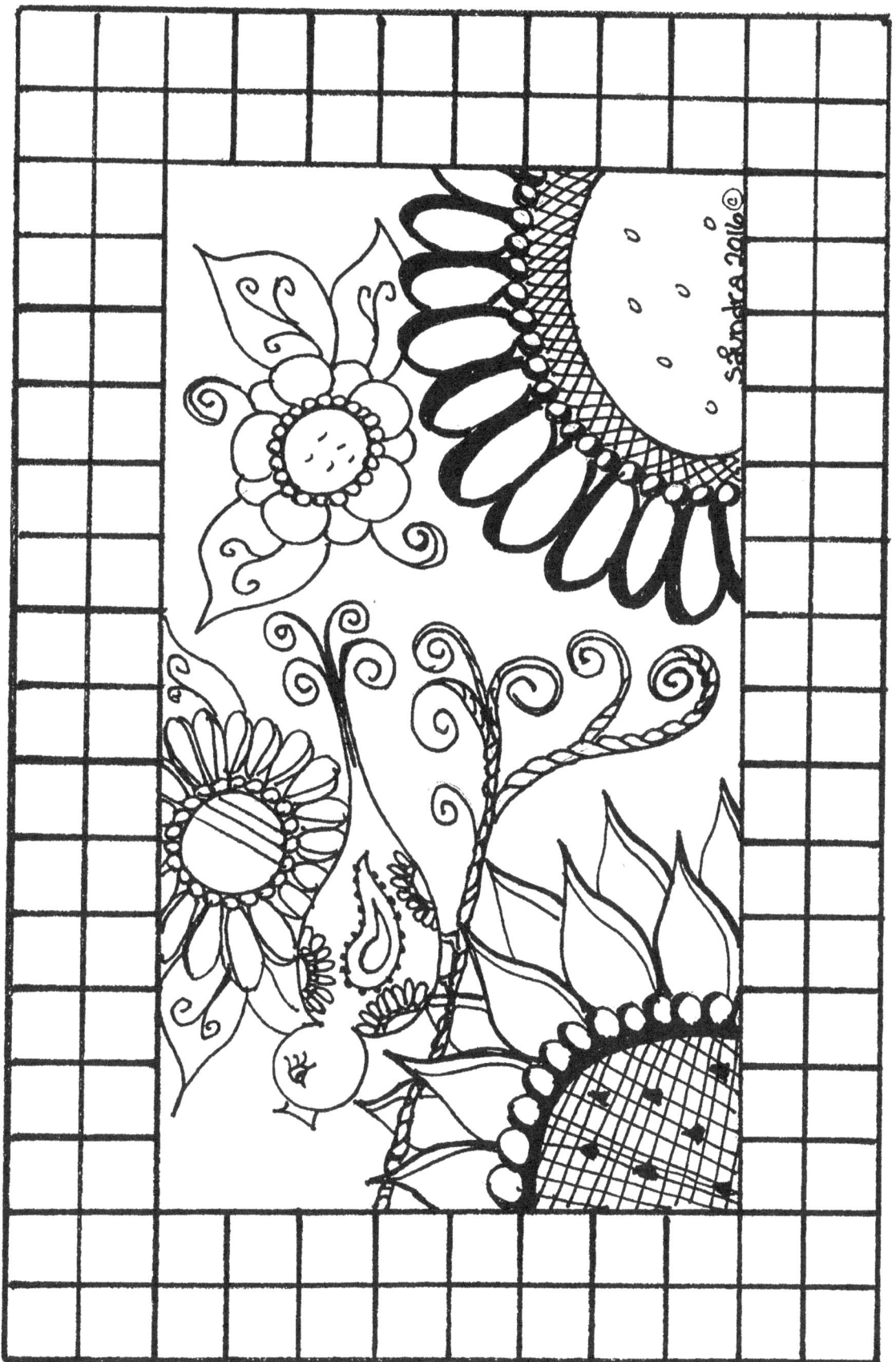

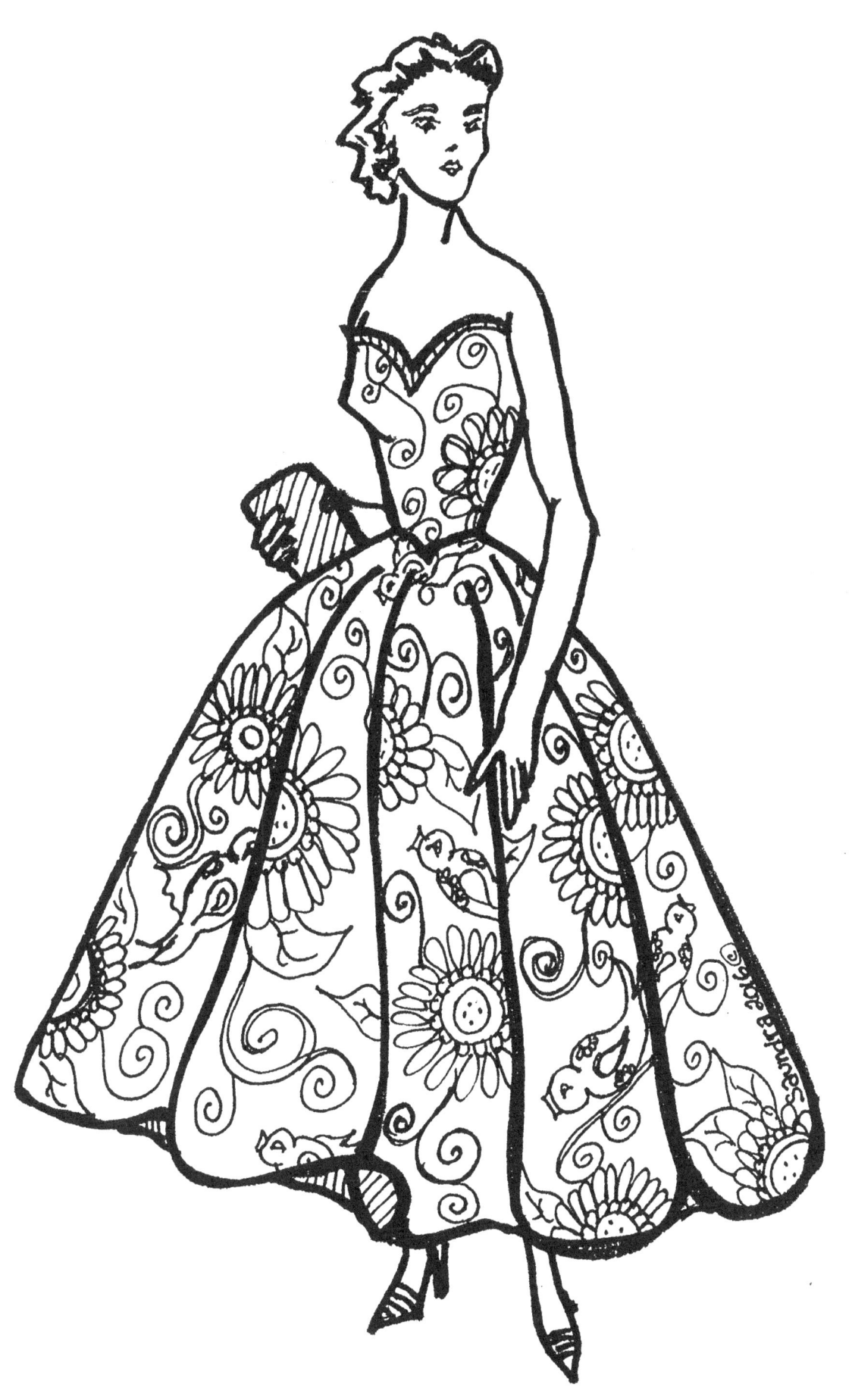

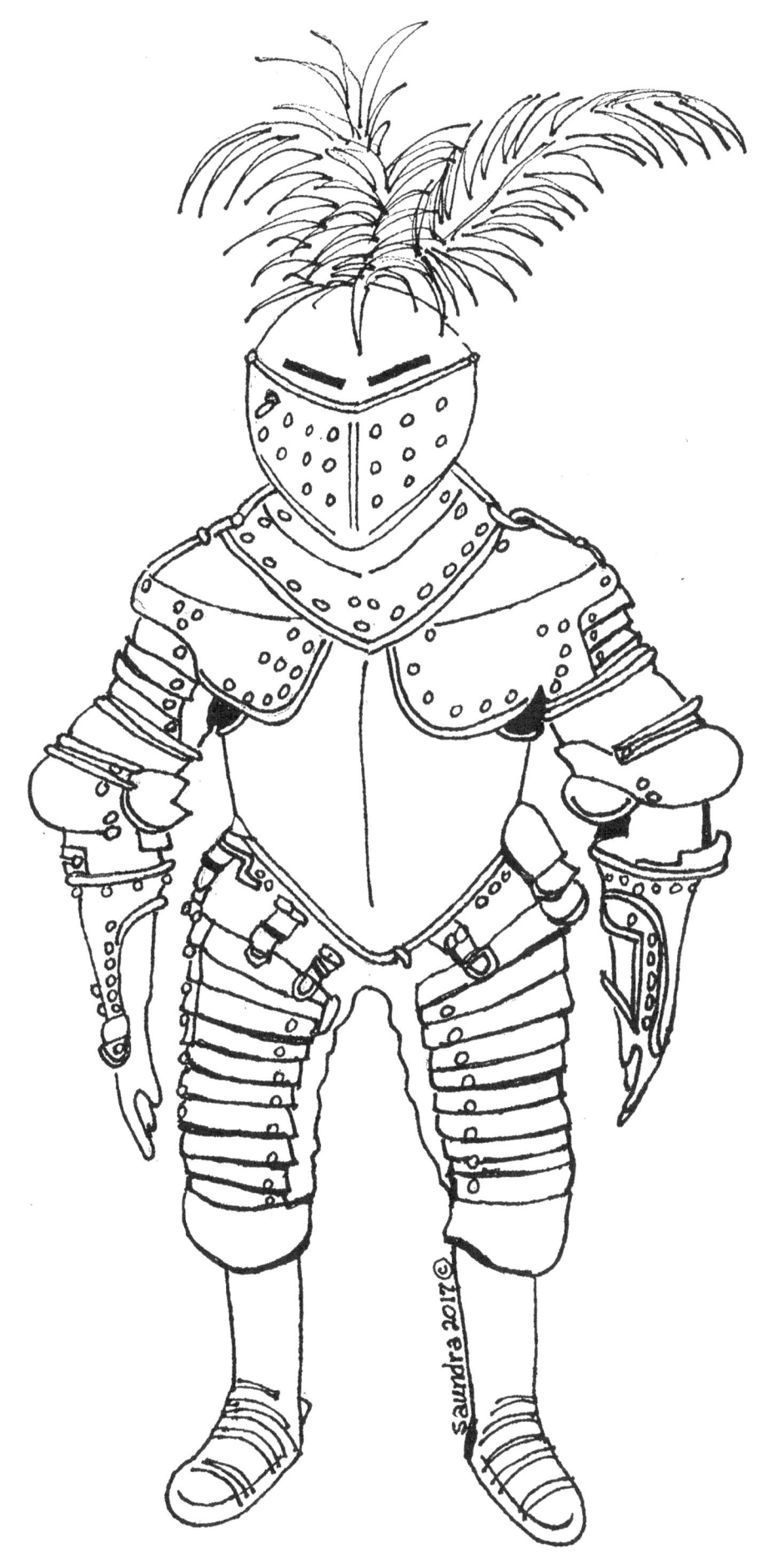

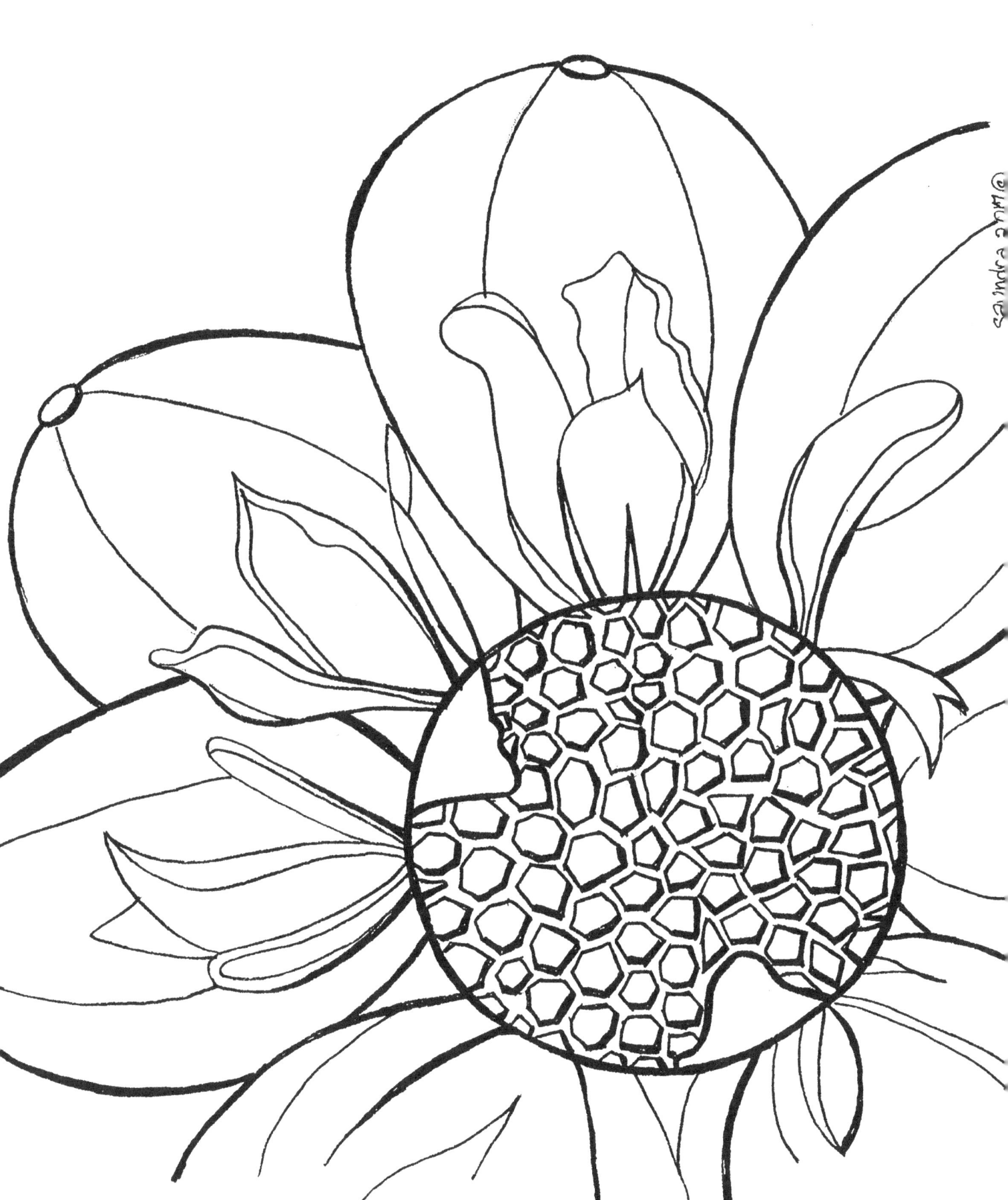

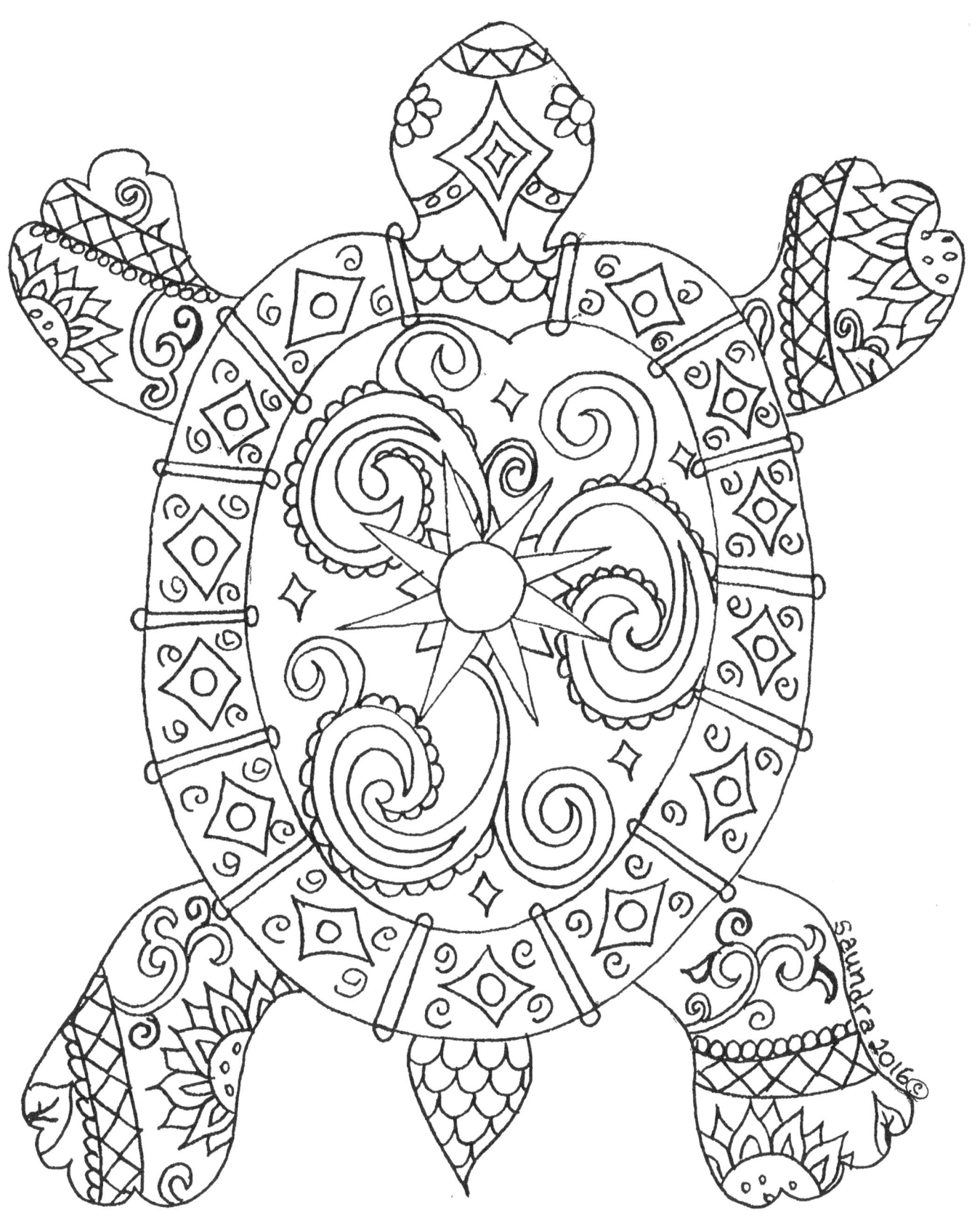

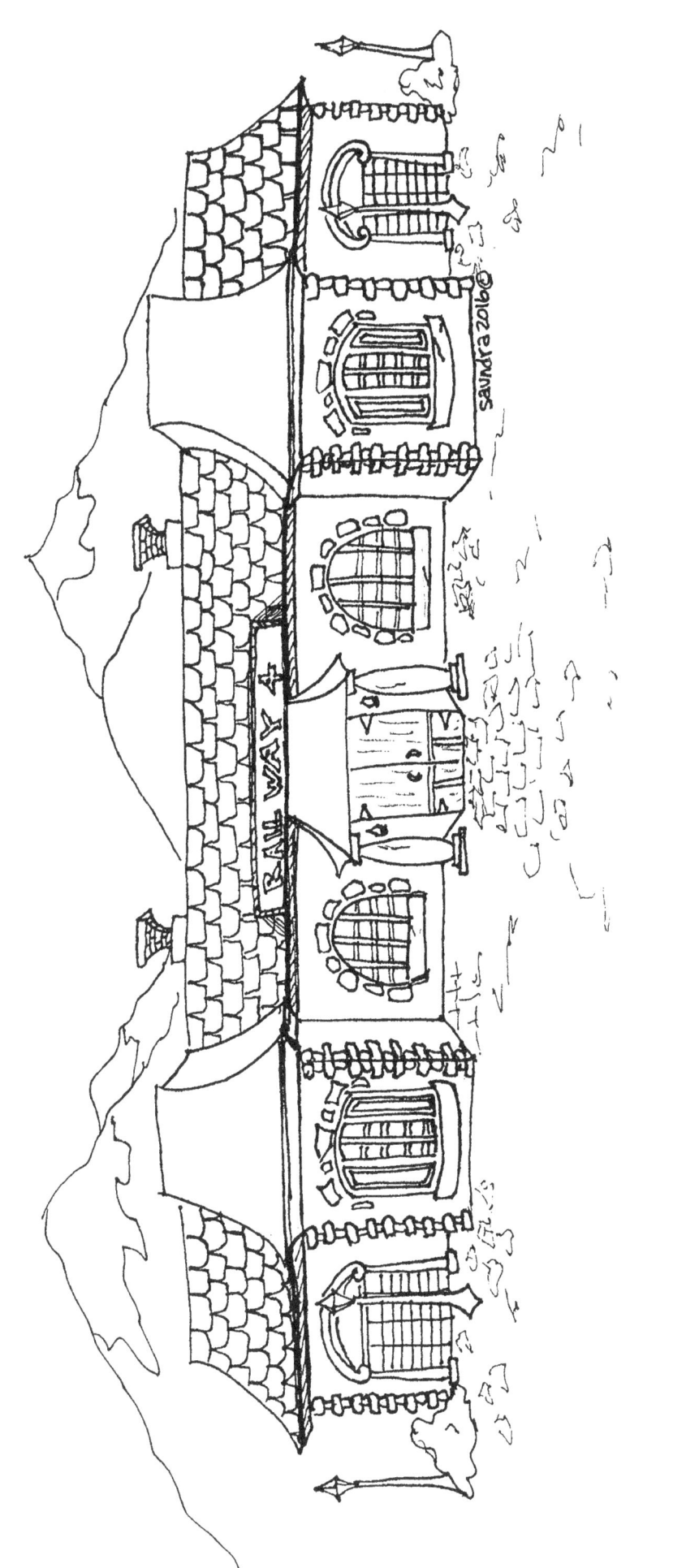

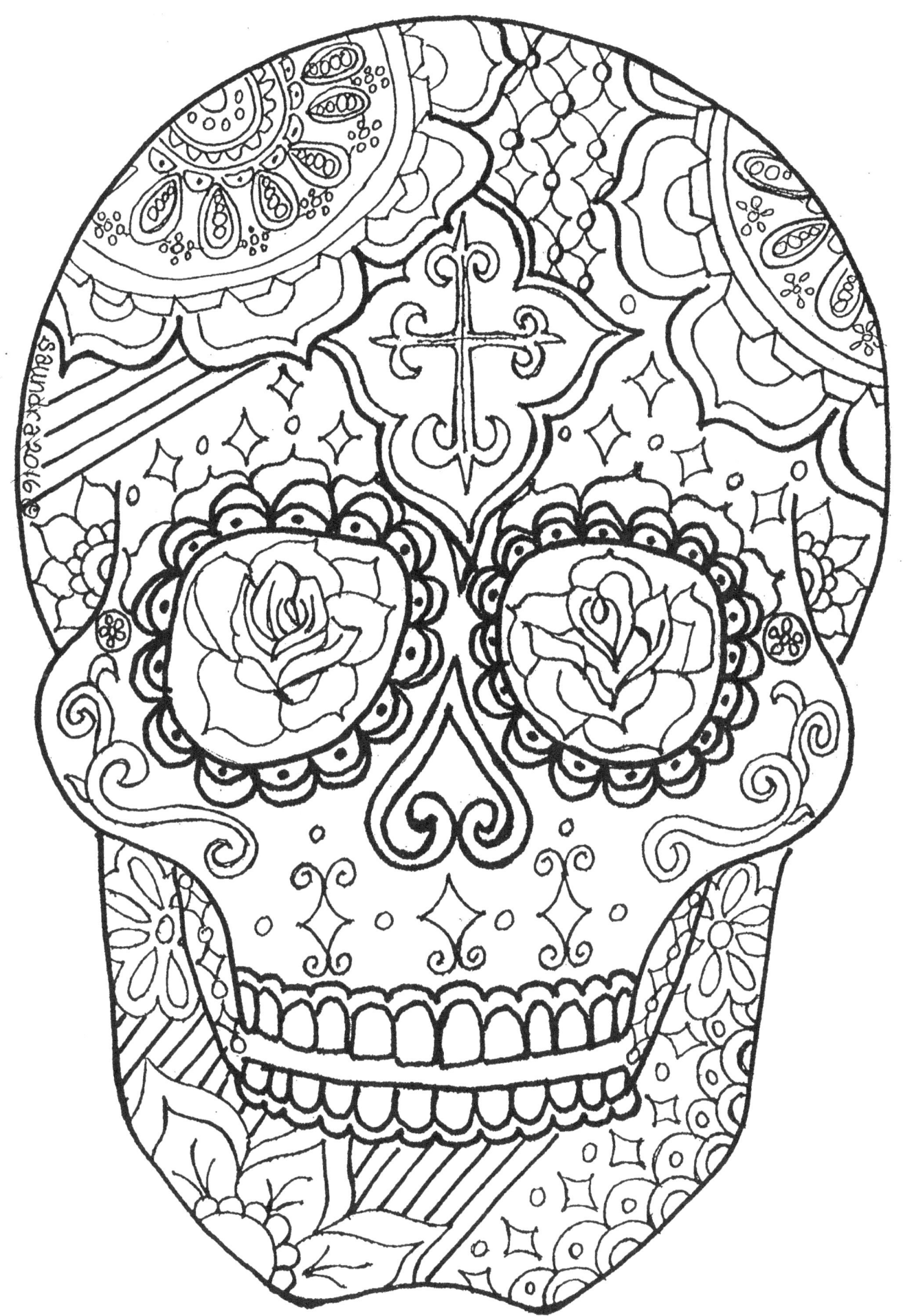

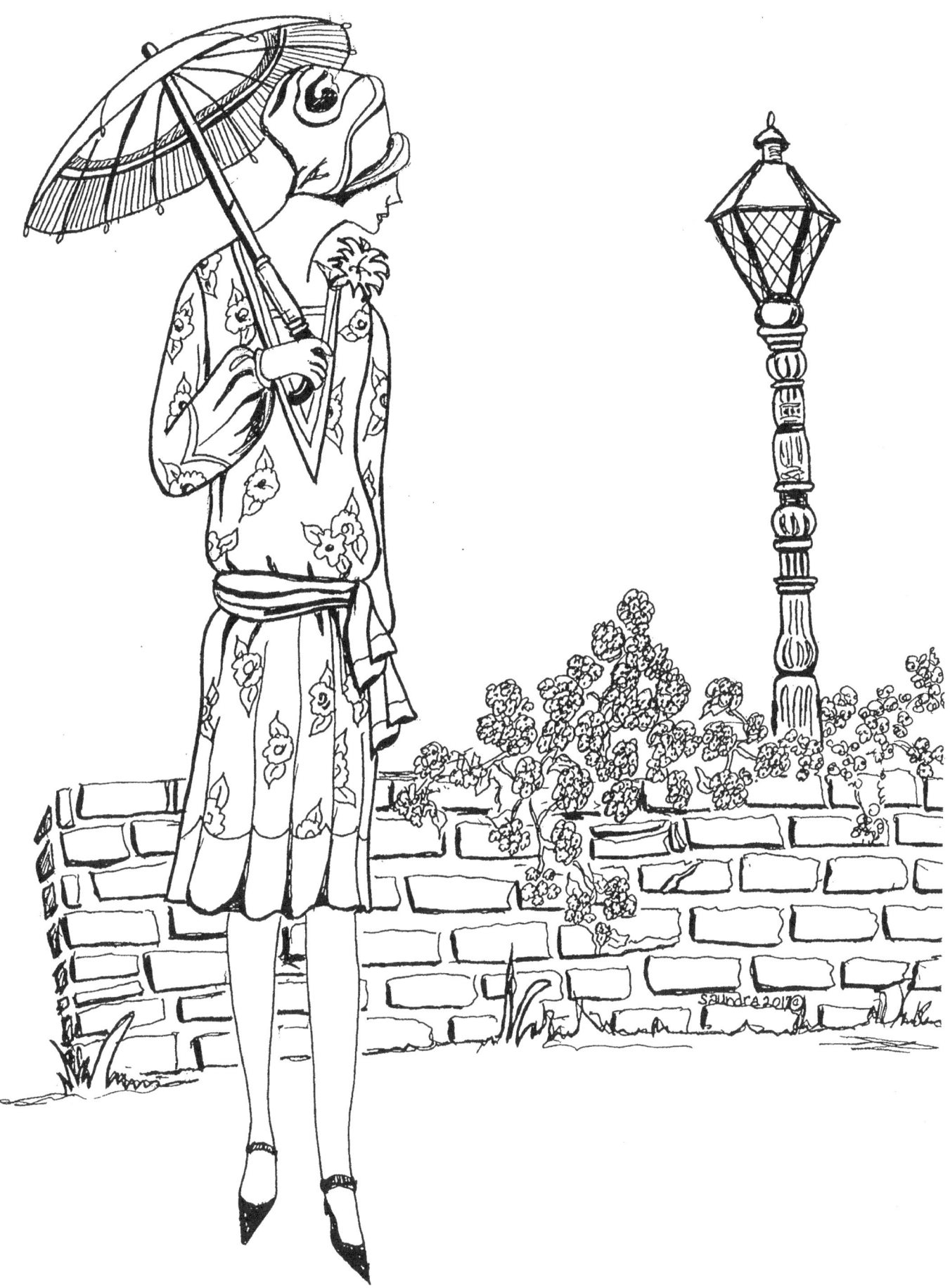

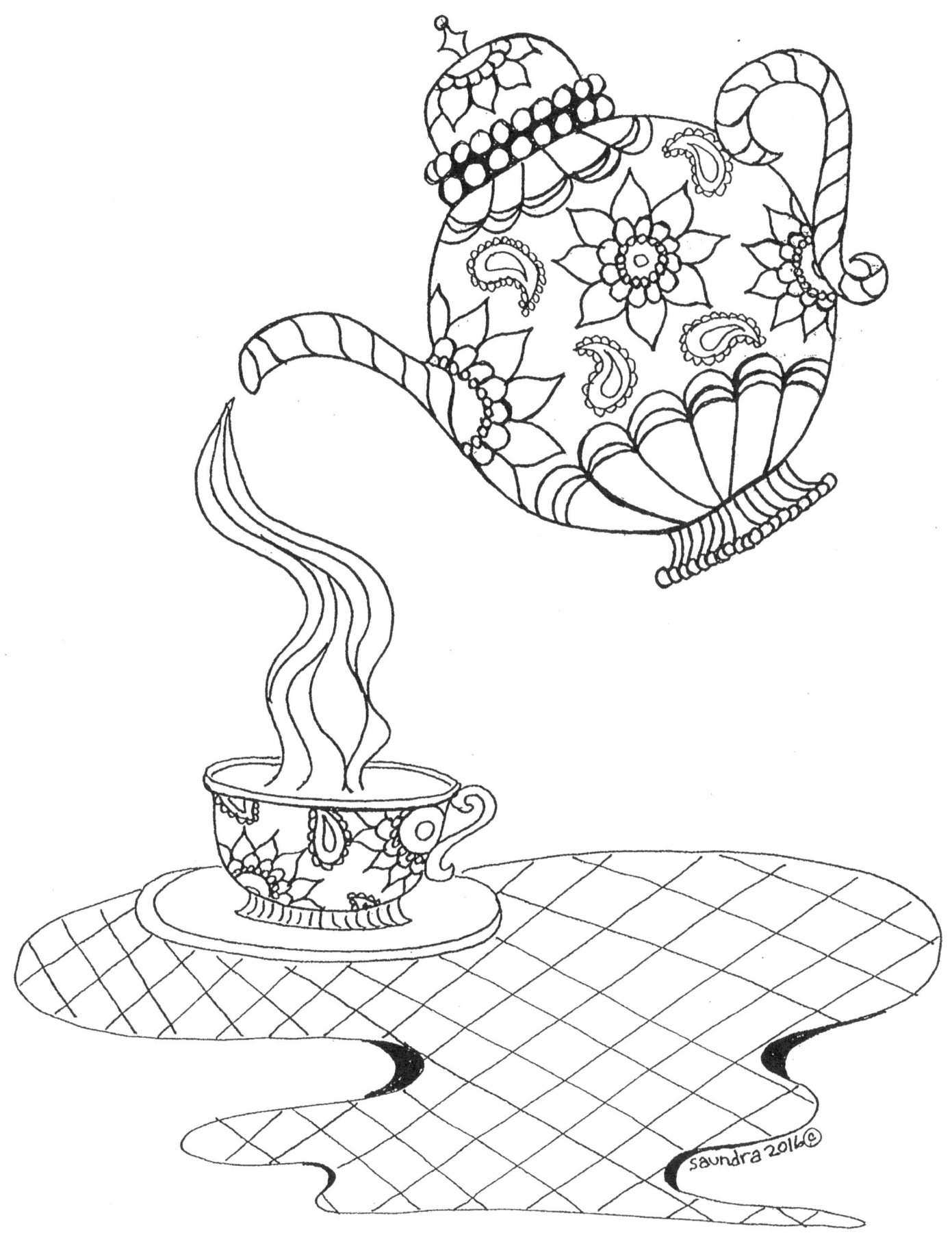

saundra 2016©

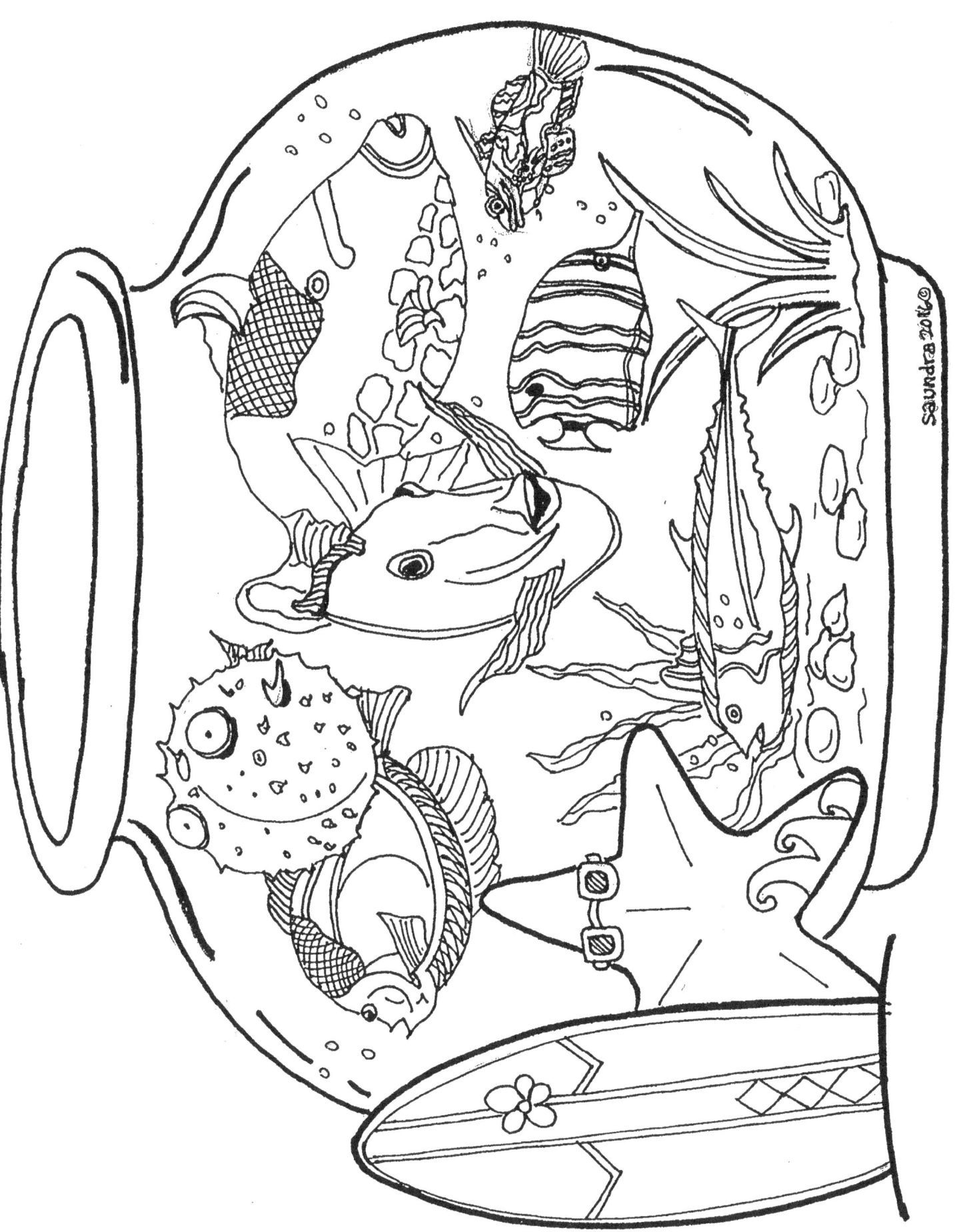

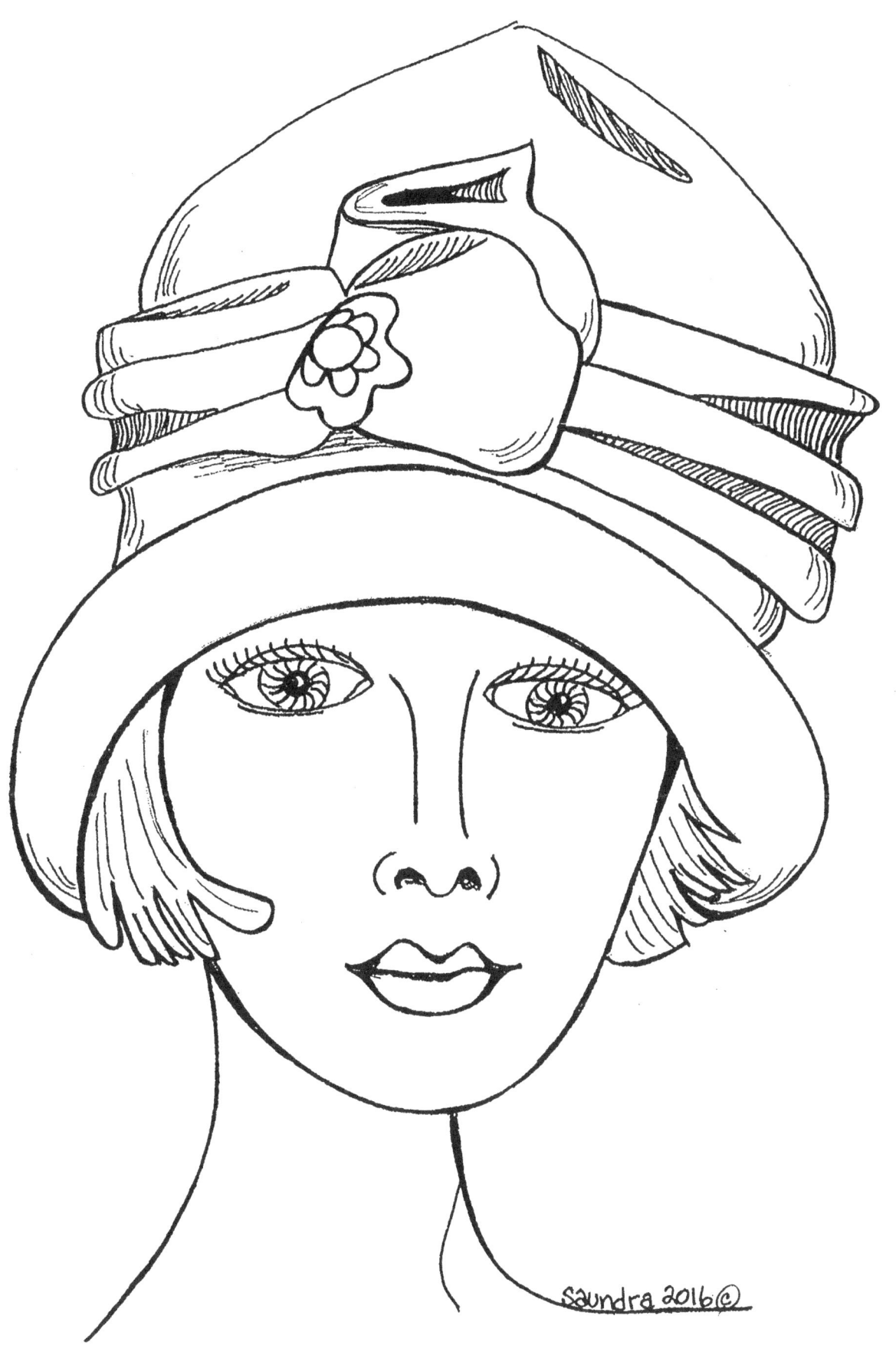

saundra 2016©

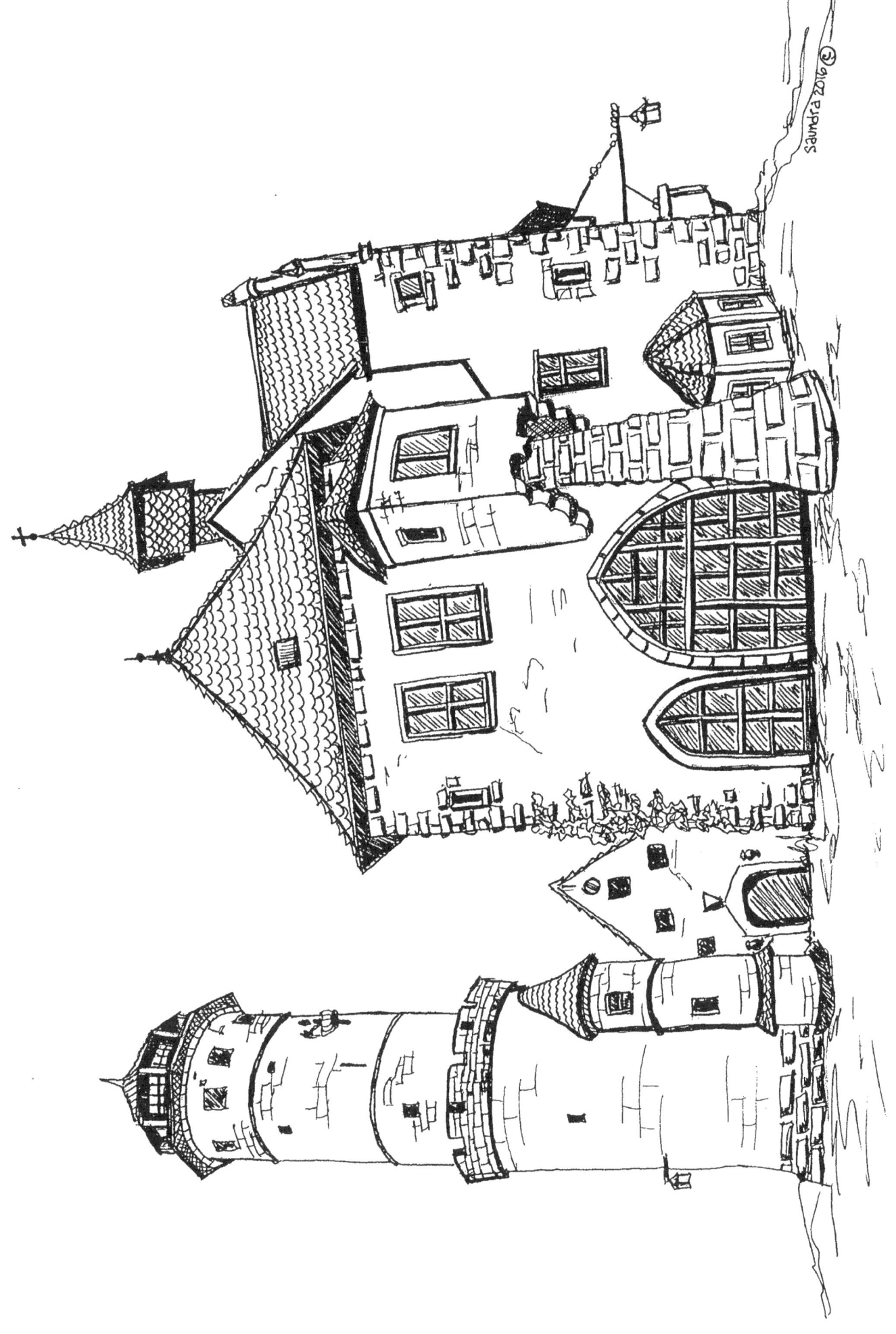

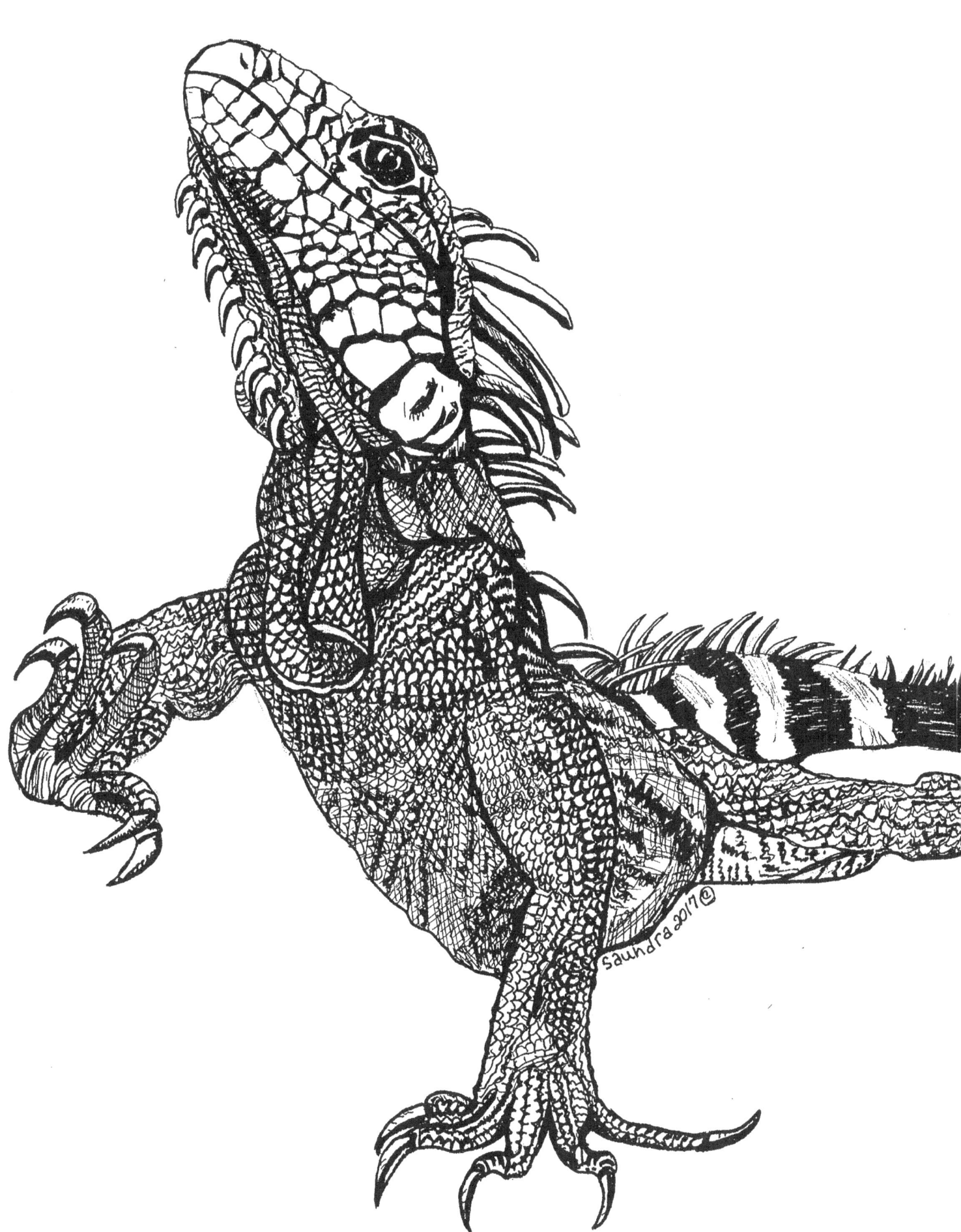

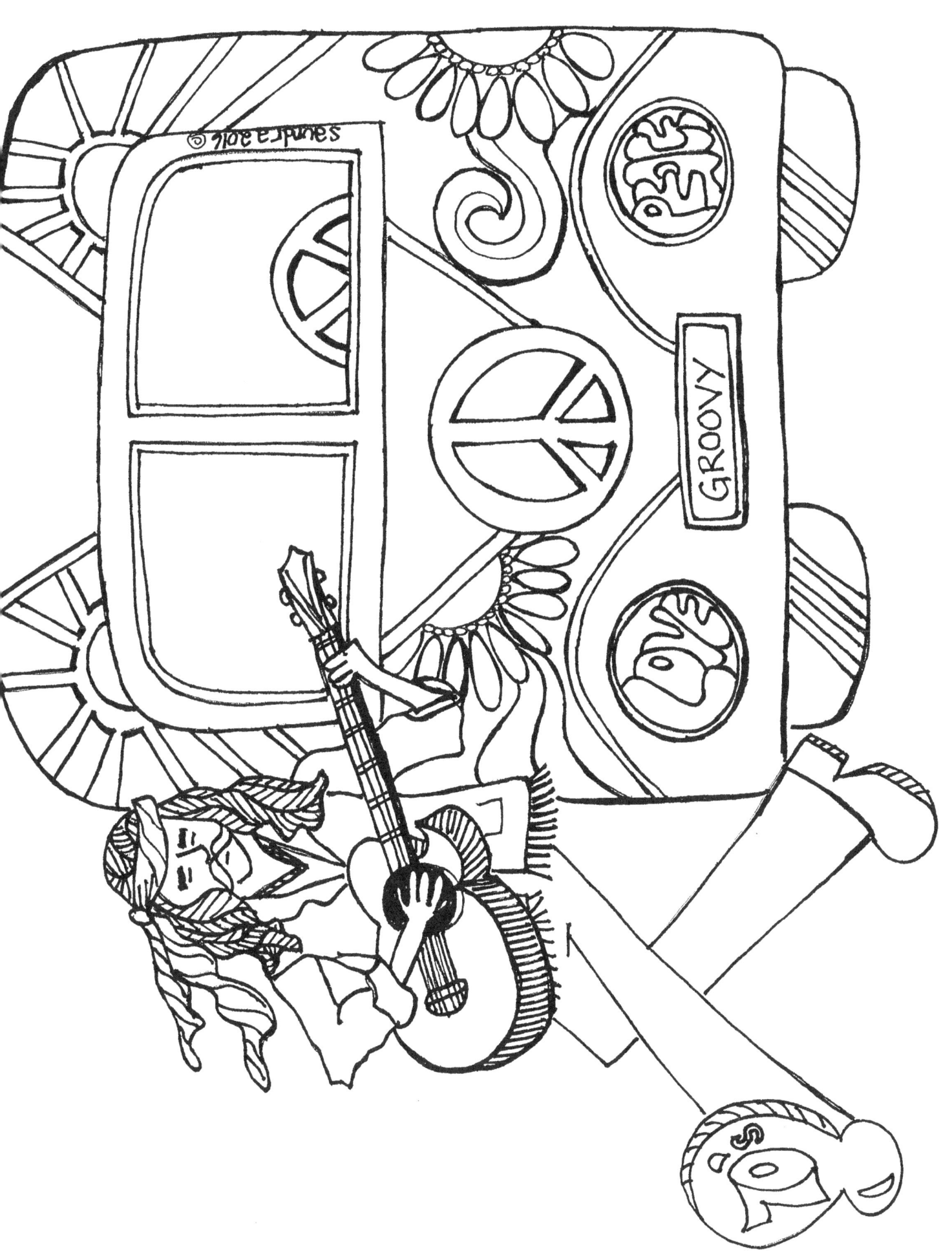

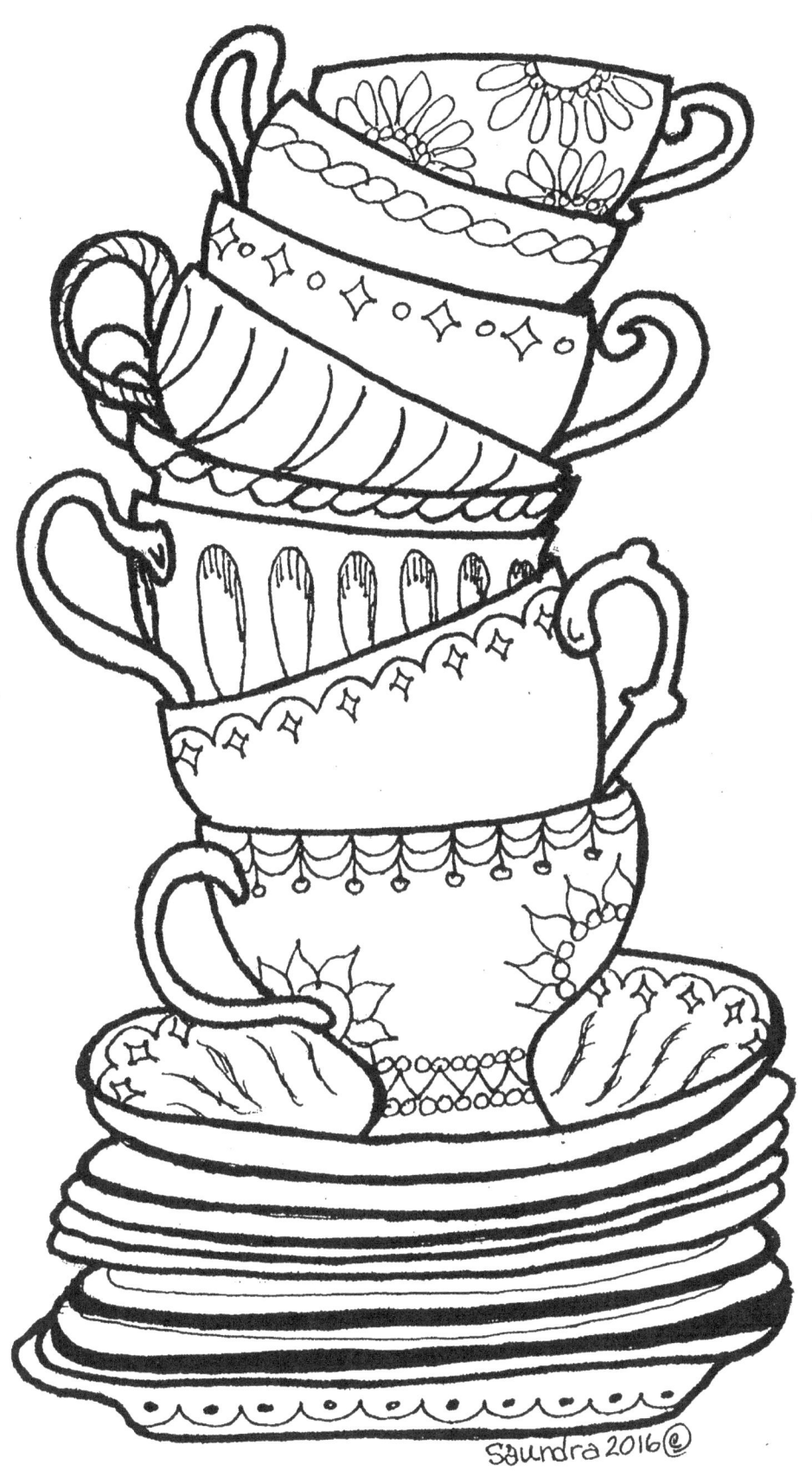

Saundra 2016 ©

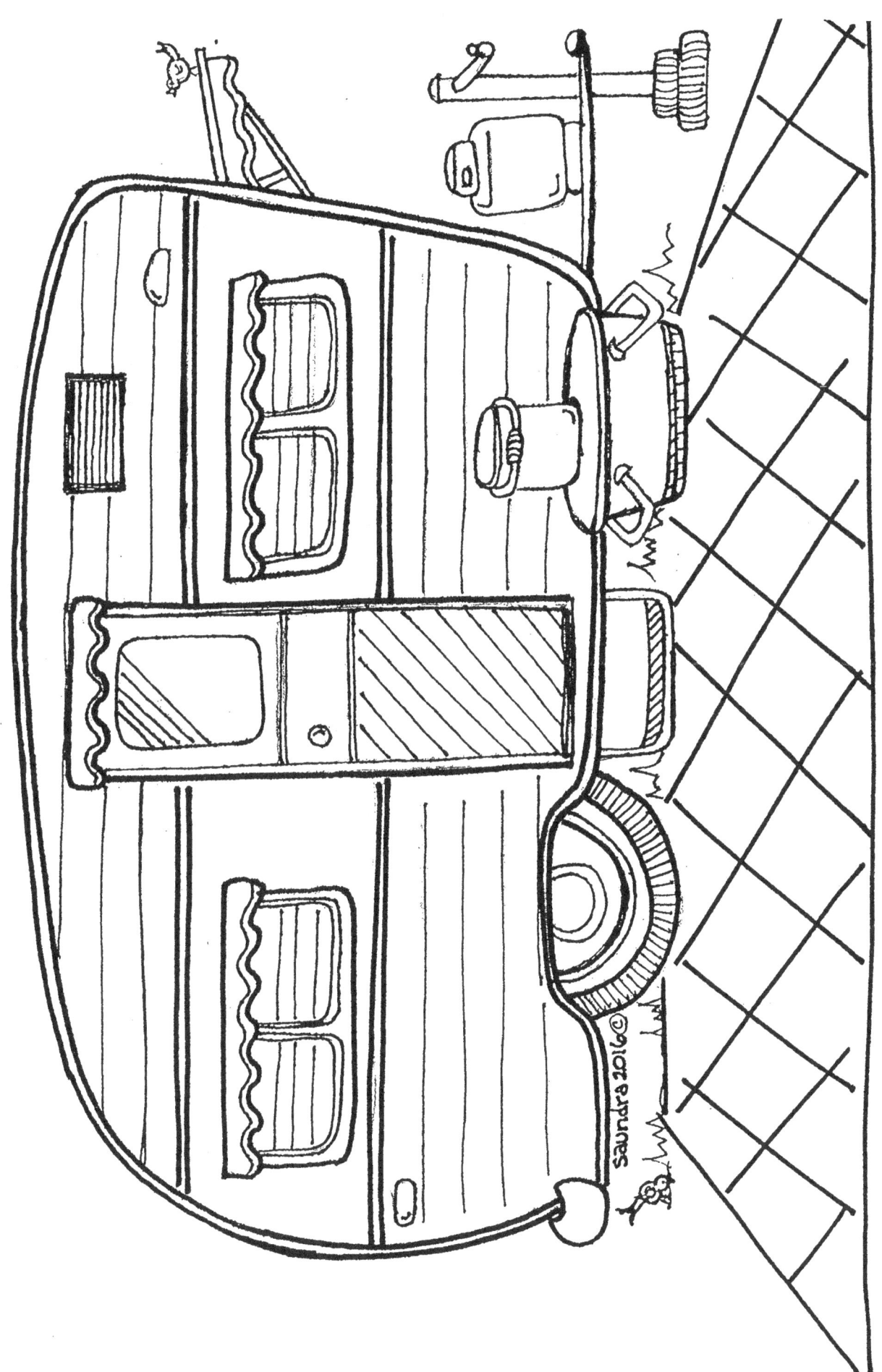

Saundra 2016©

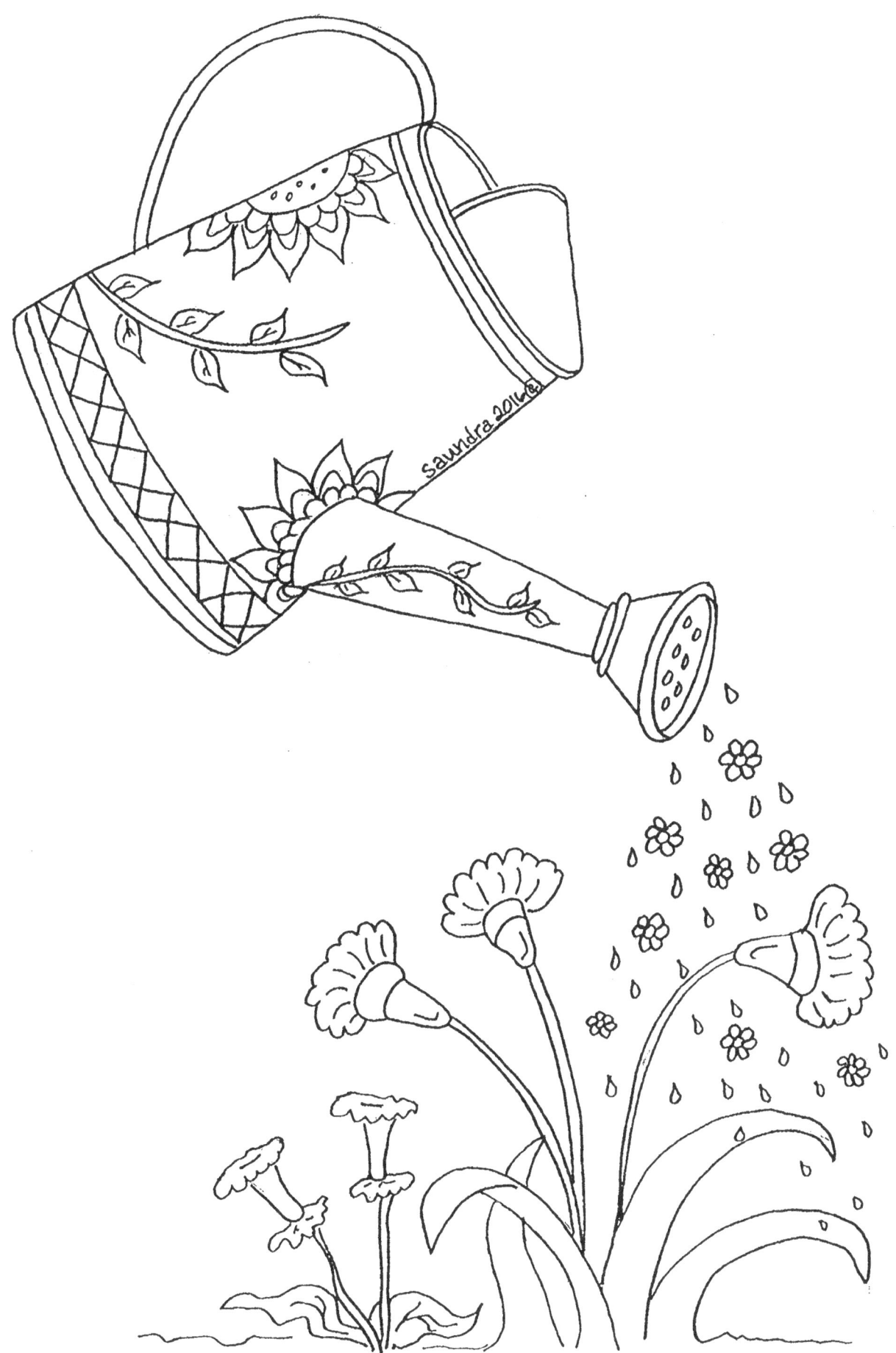

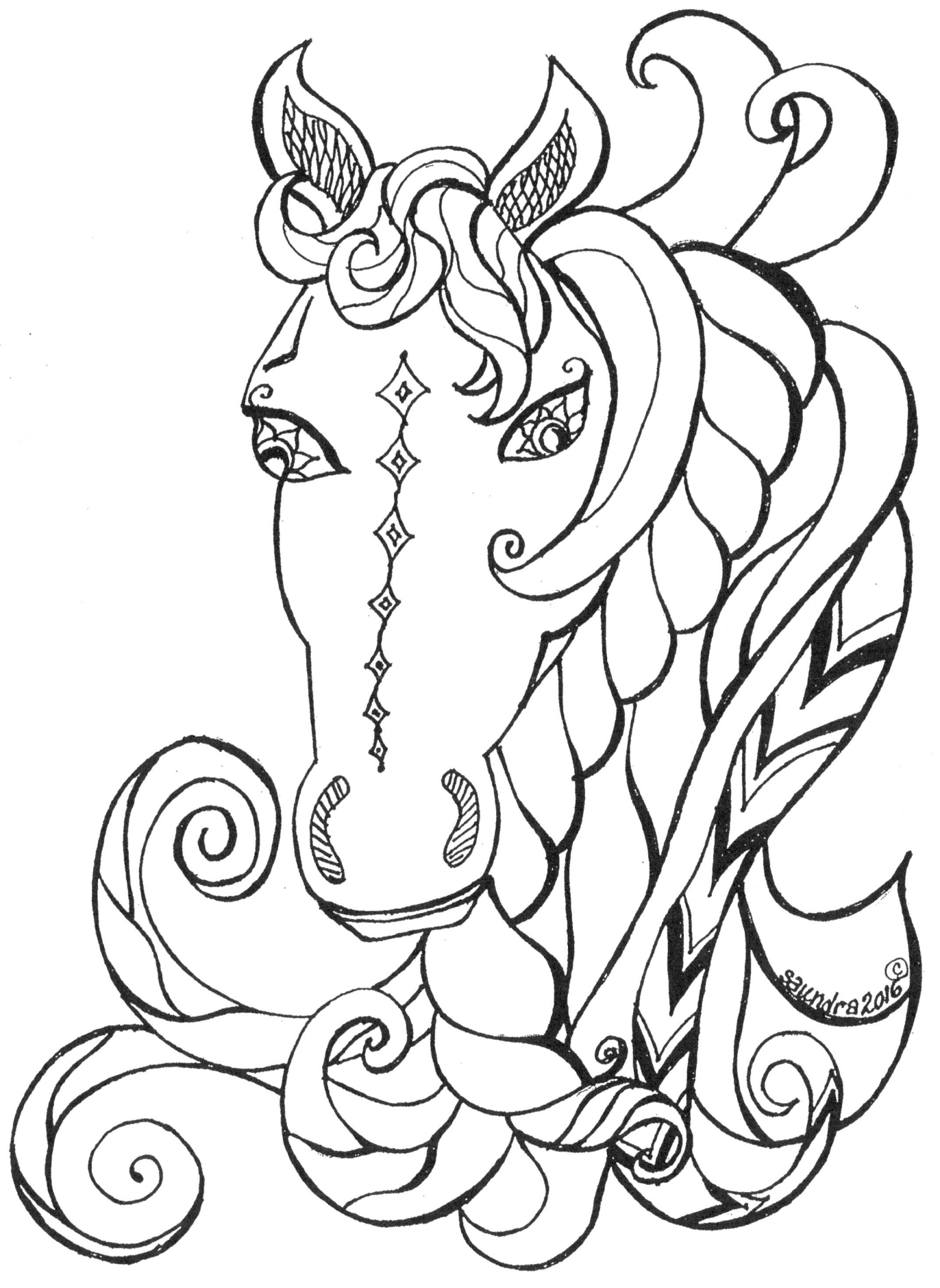

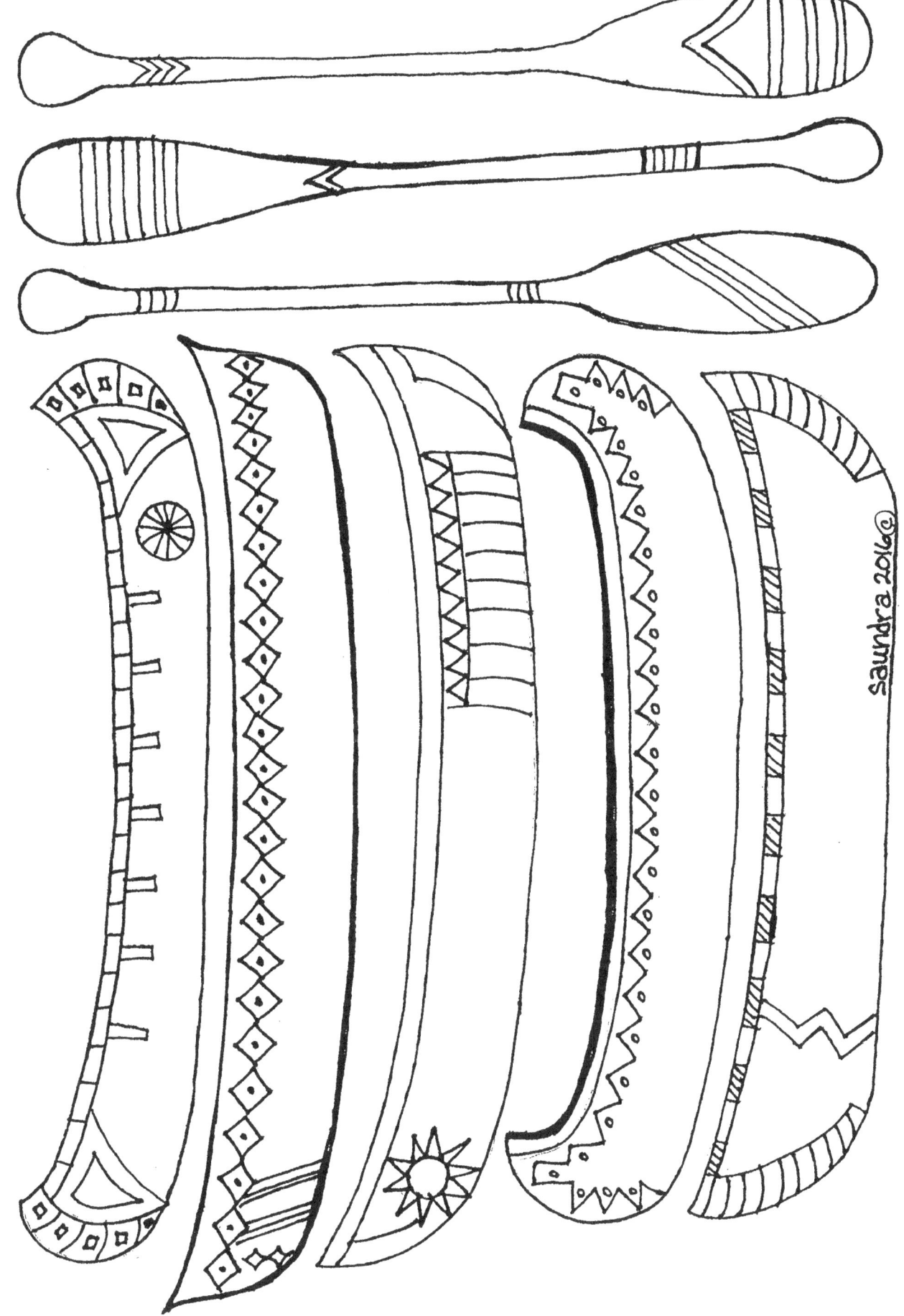

saundra 2016©

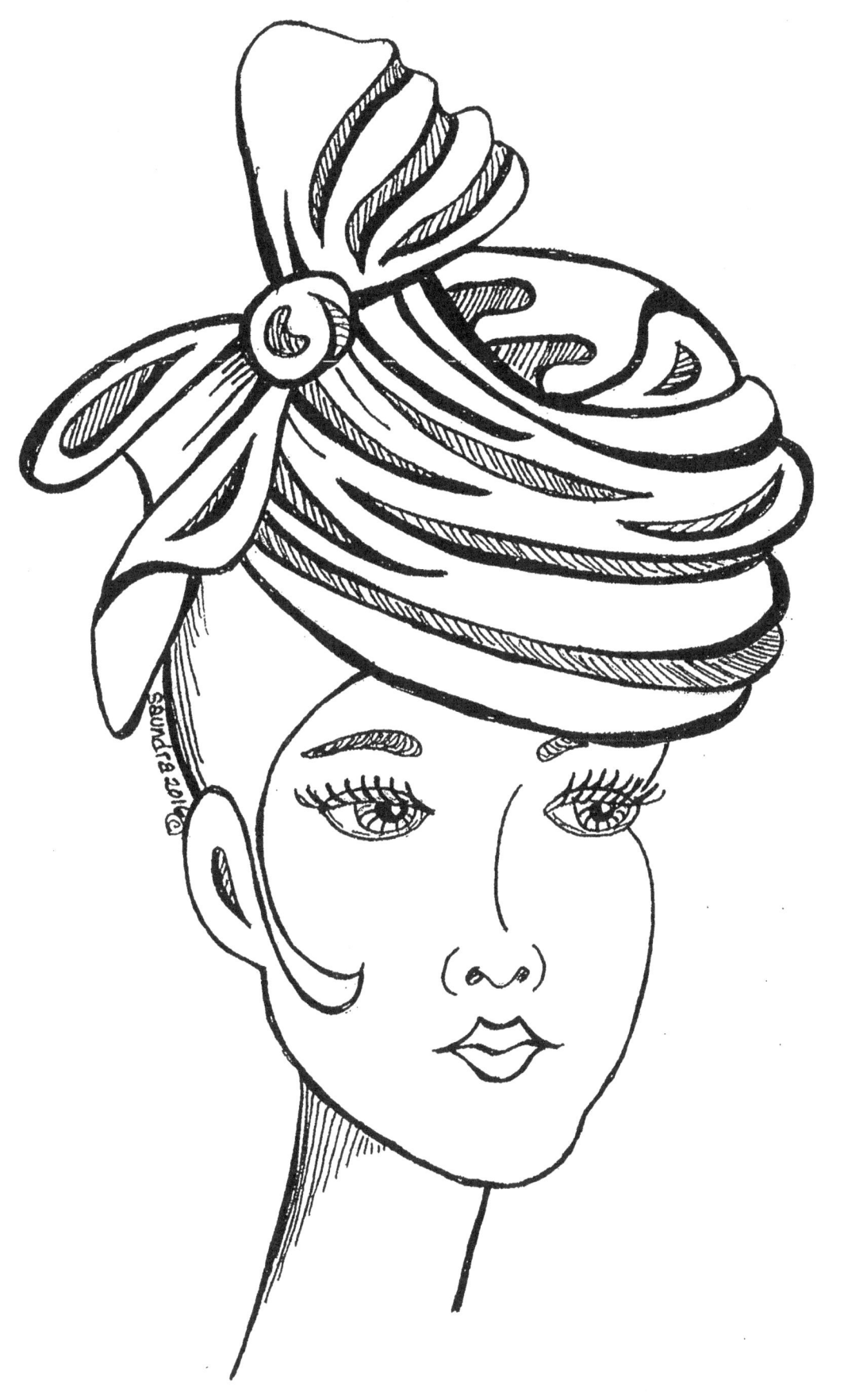

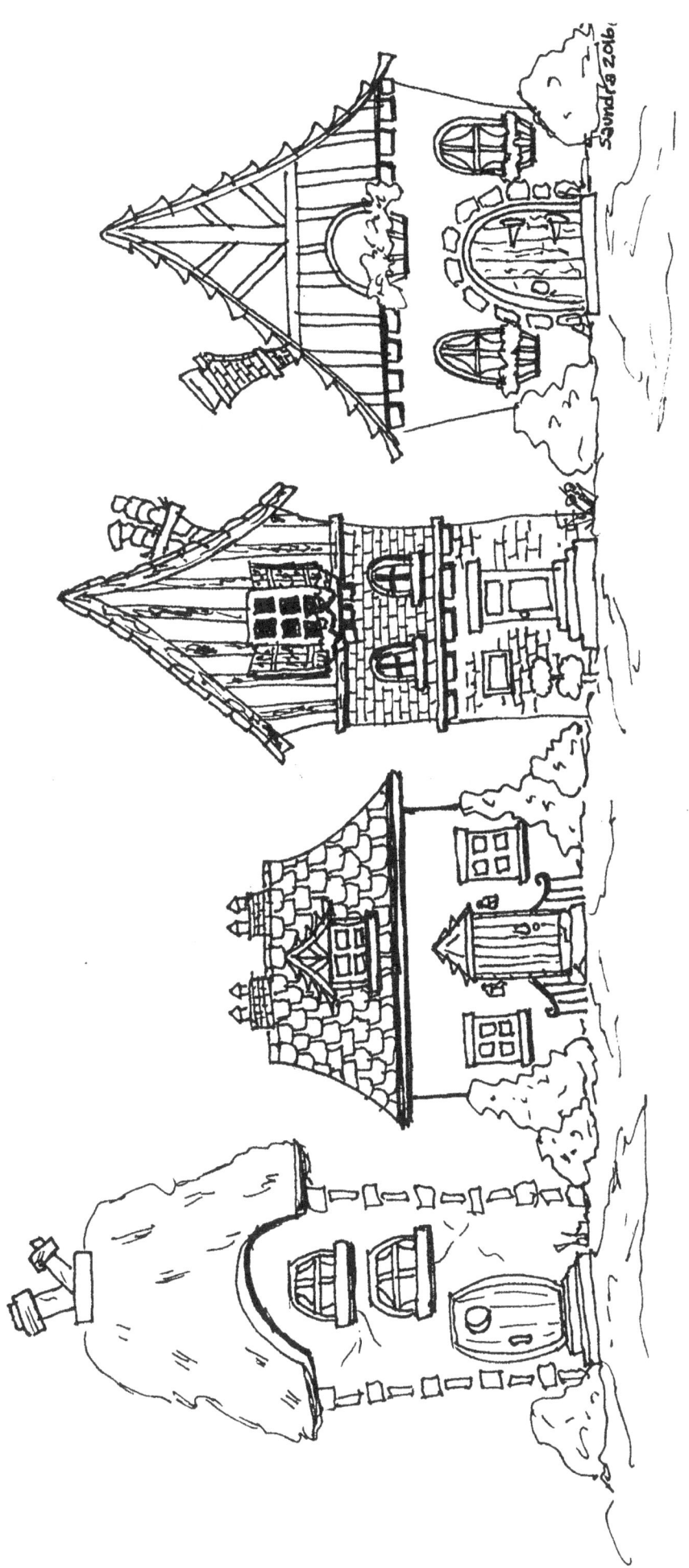

Saundra 2016

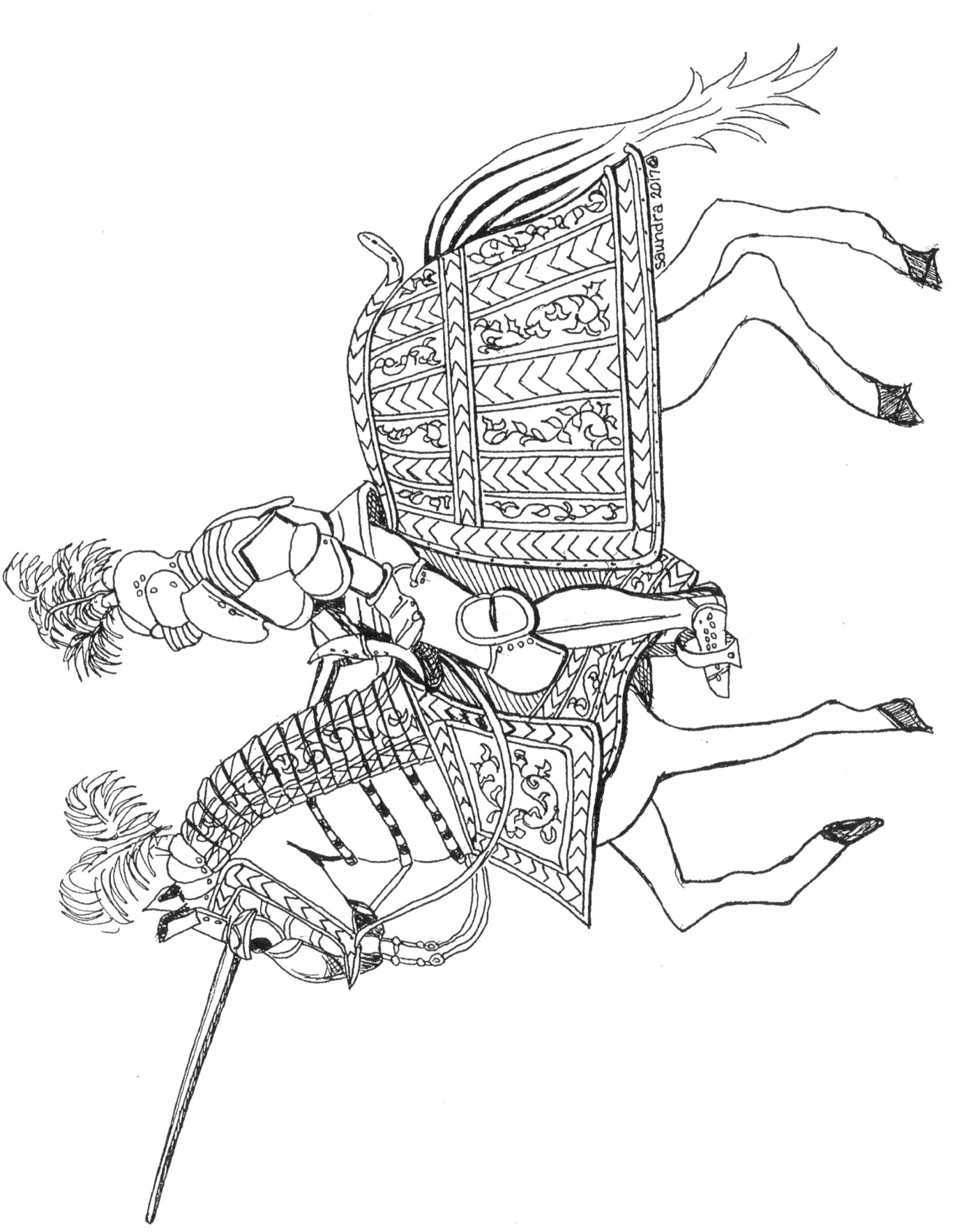

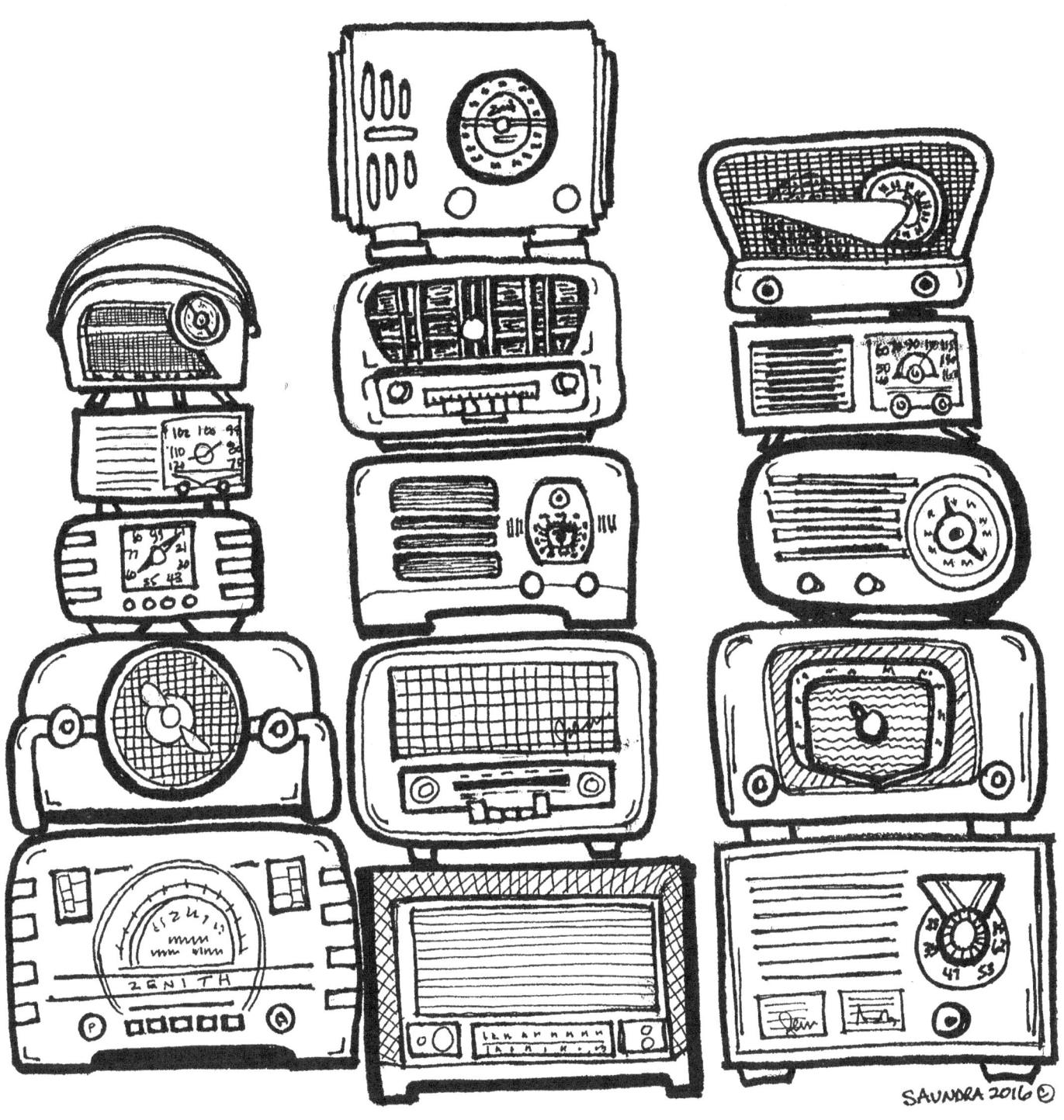

"RADIOS"

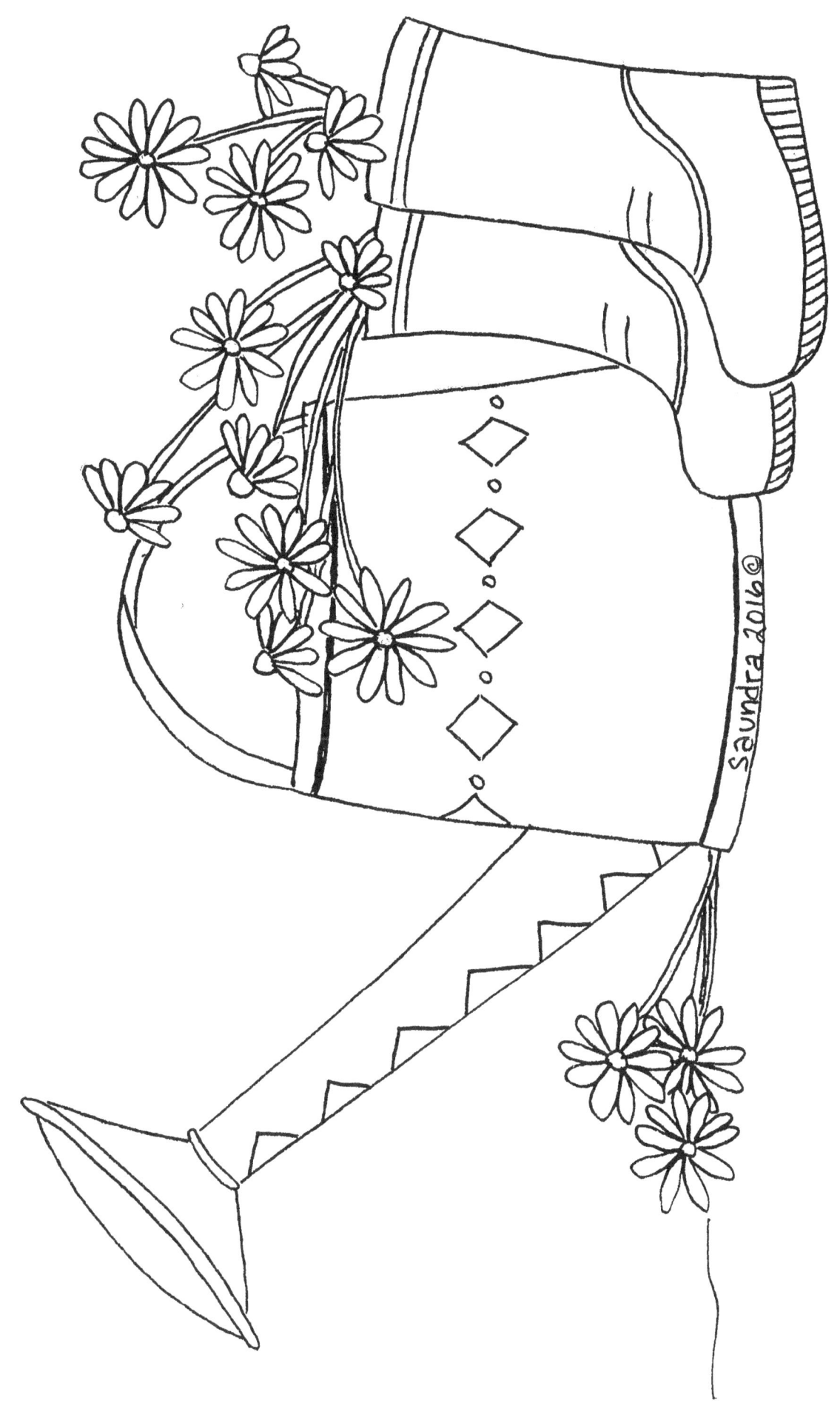
Saundra 2016©

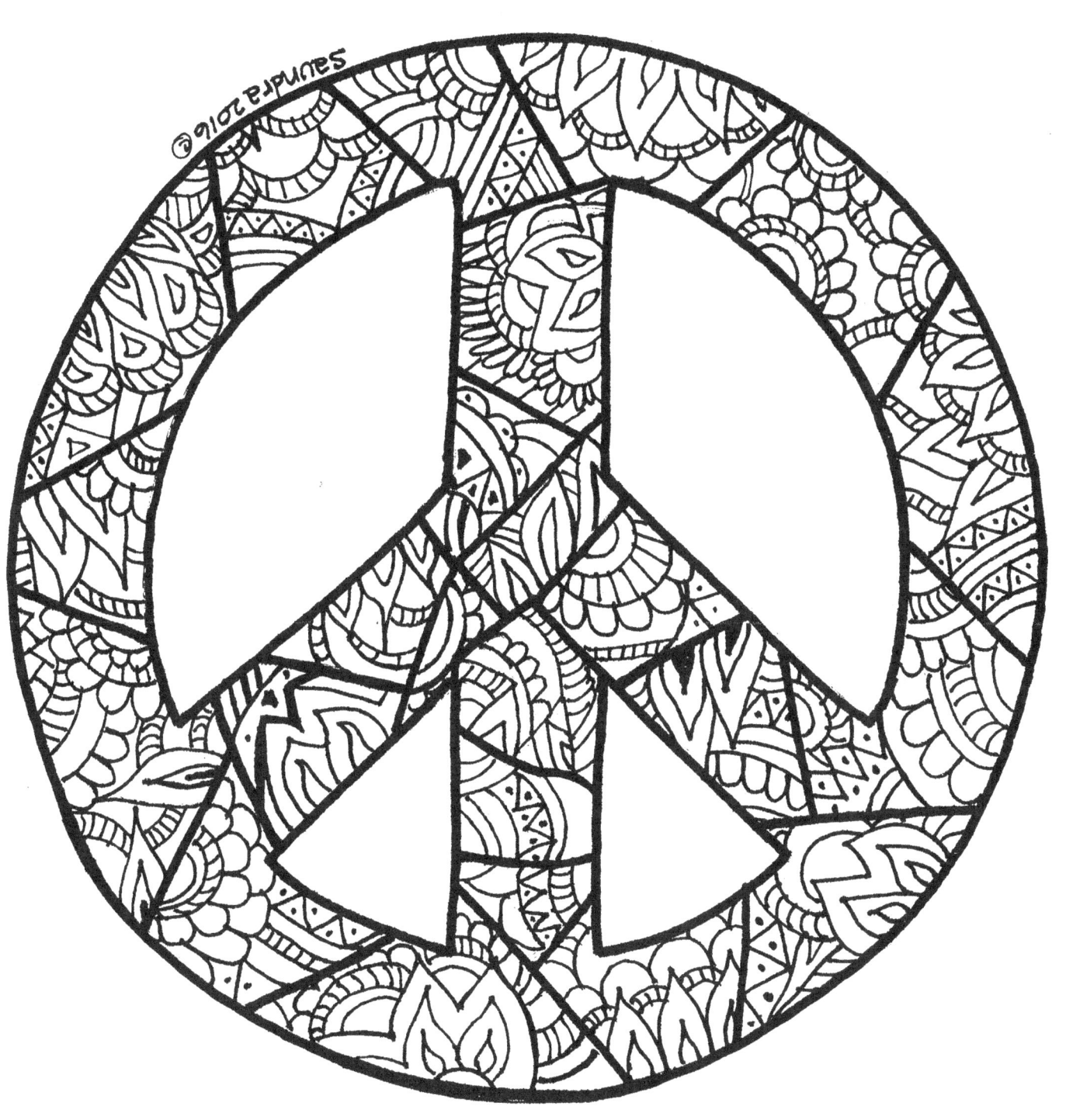

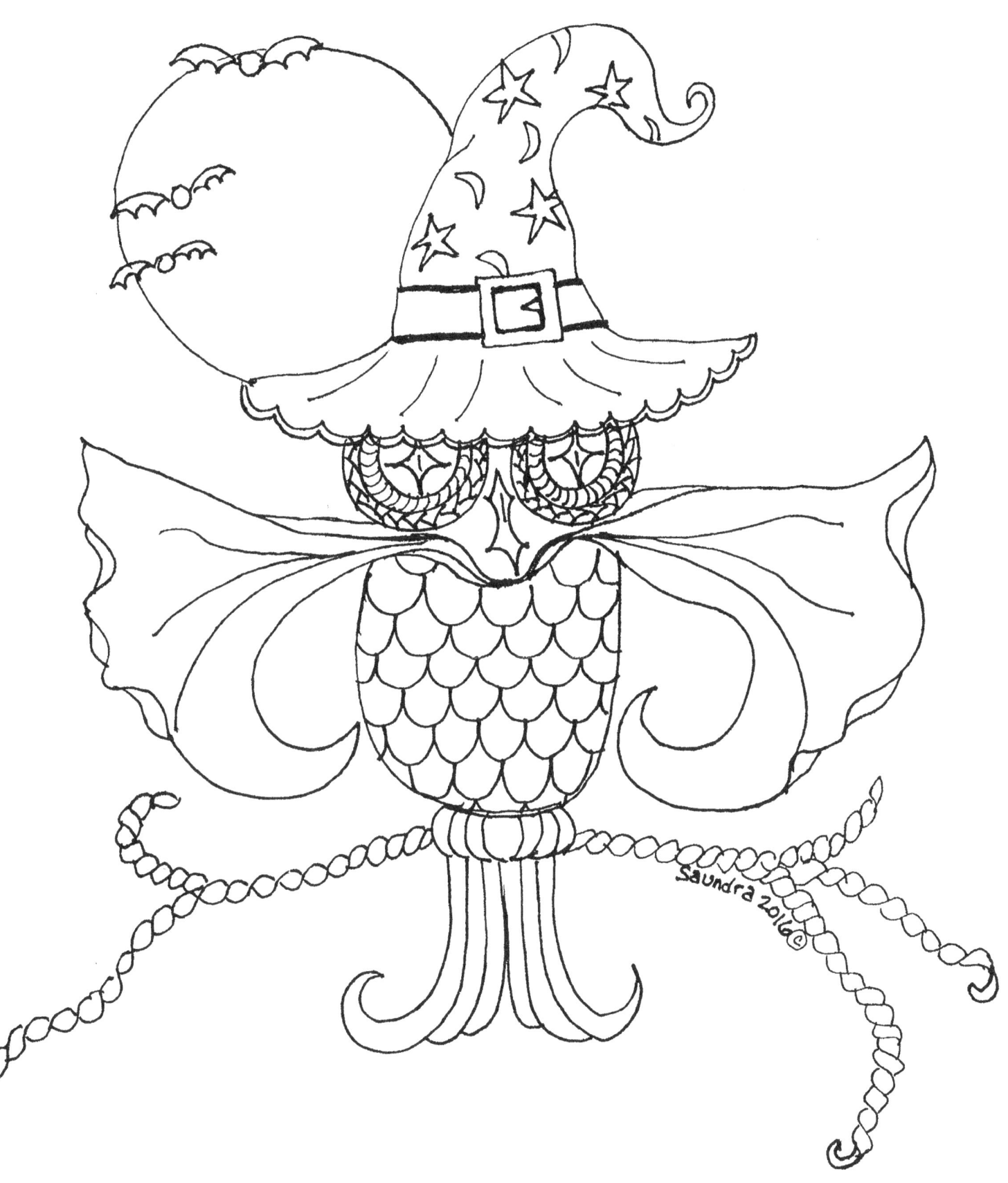

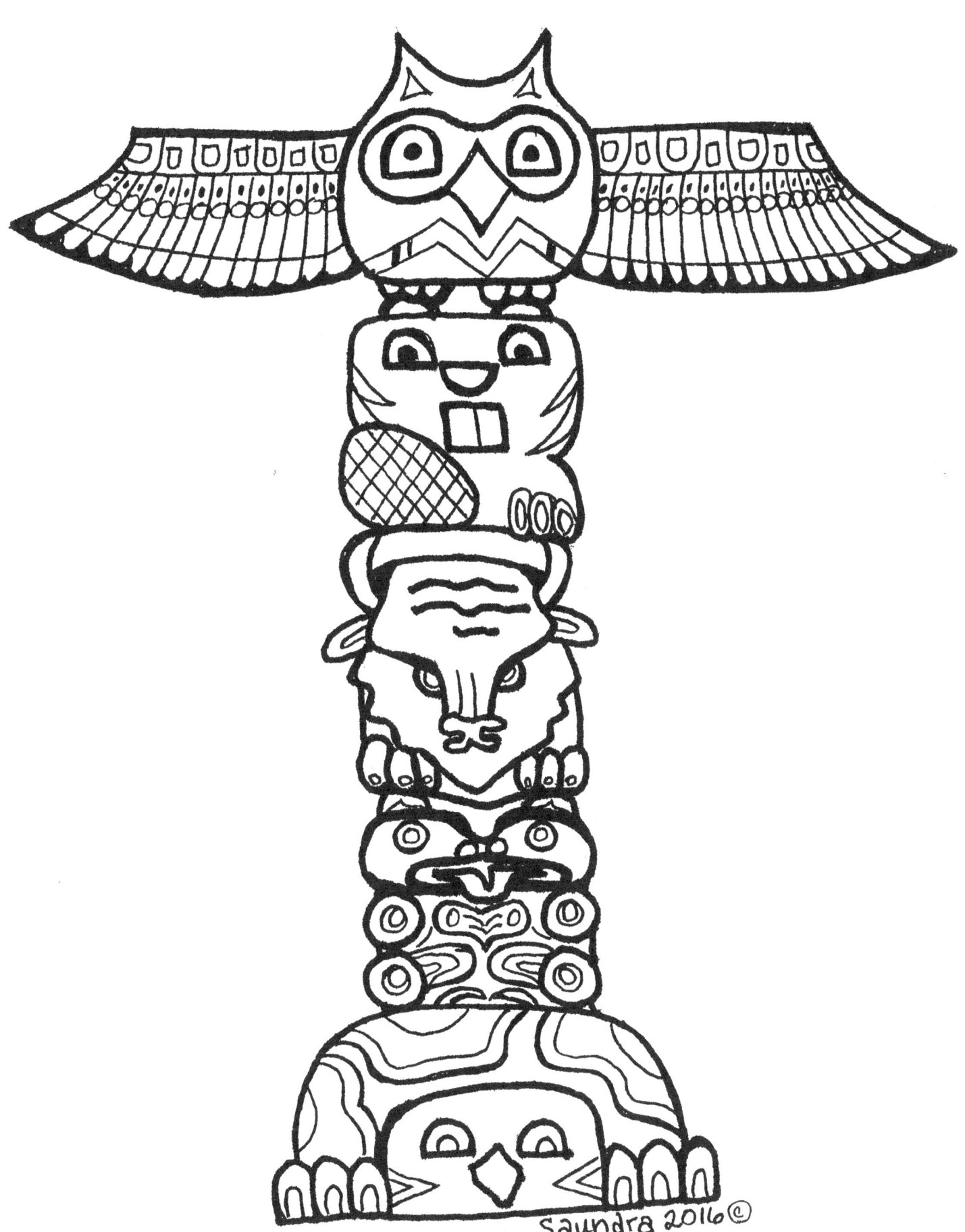

Saundra 2016©

www.ingramcontent.com/pod-product-compliance
Lightning Source LLC
Chambersburg PA
CBHW081857170526
45167CB00007B/3056